BEI GRIN MACHT SICH IHR WISSEN BEZAHLT

- Wir veröffentlichen Ihre Hausarbeit,
  Bachelor- und Masterarbeit

- Ihr eigenes eBook und Buch -
  weltweit in allen wichtigen Shops

- Verdienen Sie an jedem Verkauf

Jetzt bei www.GRIN.com hochladen und kostenlos publizieren

Bibliografische Information der Deutschen Nationalbibliothek:

Die Deutsche Bibliothek verzeichnet diese Publikation in der Deutschen National-
bibliografie; detaillierte bibliografische Daten sind im Internet über http://dnb.d-
nb.de/ abrufbar.

Impressum:

Copyright © 2018 GRIN Verlag
Druck und Bindung: Books on Demand GmbH, Norderstedt Germany
ISBN: 9783346124074

Dieses Buch bei GRIN:

https://www.grin.com/document/520750

Anonym

Ausdauertrainingsplanung zur Reduktion des Körpergewichts, Verbesserung des Fitnesszustandes und Senkung des Blutdrucks

GRIN Verlag

GRIN - Your knowledge has value

Der GRIN Verlag publiziert seit 1998 wissenschaftliche Arbeiten von Studenten, Hochschullehrern und anderen Akademikern als eBook und gedrucktes Buch. Die Verlagswebsite www.grin.com ist die ideale Plattform zur Veröffentlichung von Hausarbeiten, Abschlussarbeiten, wissenschaftlichen Aufsätzen, Dissertationen und Fachbüchern.

Deutsche Hochschule für

Prävention und Gesundheitsmanagement

Hermann Neuberger Sportschule 3

66123 Saarbrücken

Einsendeaufgabe

Fachmodul: Trainingslehre 2

Studiengang: Sportökonomie

Datum
Präsenzphase: 03.01.2018 – 05.01.2018

Studienort: **Stuttgart**

Semester: **WS16**

Inhaltsverzeichnis

1 Diagnose

1.1 Allgemeine und biometrische Daten

Im Folgenden wird eine Ausdauertrainingsplanung für eine beliebige Person erstellt. Die nachstehende Tabelle zeigt die allgemeinen Daten des Kunden.

Tabelle 1: Allgemeine Daten der Testperson

Alter in Jahren	19
Geschlecht	Männlich
Körpergröße in cm	177
Körpergewicht in kg	83
Trainingsmotiv	• Gewicht reduzieren • Fitnesszustand verbessern
Berufliche Tätigkeit	Student
Aktuelle Sportarten	• **Fußball** Leistungsstufe: Fortgeschritten Trainingsumfang: 2 mal pro Woche, je 90 Minuten • **Krafttraining** Leistungsstufe: Fortgeschritten Trainingsumfang: 2-3 mal pro Woche, je 45 Minuten • **Ausdauertraining** Leistungsstufe: Anfänger - Fortgeschritten Trainingsumfang: 2-3 mal pro Woche, je 30 Minuten
Frühere Sportarten	• **Leichtathletik** Leistungsstufe: Anfänger Trainingsumfang: 2 mal pro Woche, 60 Minuten
Zeitlicher Verfügungsrahmen	3 mal pro Woche
Blutdruck in mmHg	144/92
Ruhepuls in Schlägen pro Minute	59
Körperfettanteil in %	18
Allgemeiner Gesundheitszustand	ohne gesundheitliche Einschränkungen
Sonstige Einschränkungen	keine sonstigen Einschränkungen

Tabelle 2: Bewertung der Parameter Blutdruck, Ruhepuls und Körperfettanteil

	Wert	Bewertung
Blutdruck	144/92 mmHg	Arterielle Hypertonie (Stufe 1) (Steffel & Lüscher, 2011)
Ruhepuls	59 S/min	unterhalb des Durchschnittes (DS: 60-80) (Kümmel, 1974)
Körperfettanteil	18 %	normal (Gallagher, et al., 2000)

1.2 Leistungsdiagnostik und Ausdauertestung

Im nachfolgenden soll nun mit der Testperson eine Leistungsdiagnostik durch einen Fahrradergometertest durchgeführt werden. Die Zielgruppe des Hollmann- und Venrath-Test entspricht der Leistungsstufe meines Kunden, weshalb diese Testung ausgewählt wird. Beim Hollmann-Venrath-Test handelt es sich um einen Fahrradergometertest, bei dem es sich um eine submaximale Belastungsart handelt. Die Pulsobergrenze beziehungsweise die Zielherzfrequenz wird hierbei nach IPN voreingestuft. Der Proband startet bei 30 Watt und steigert diese pro Stufe um jeweils 40 Watt. Jede Stufe wird für drei Minuten mit einer Trittfrequenz zwischen 60 bis 80 Umdrehungen pro Minute befahren. Die Pulsobergrenze wird nach der Voreinstufung der IPN berechnet, diese liegt durch die Ruheherzfrequenz sowie dem Lebensalter des Kunden bei 145 Schlägen pro Minute. Durch den Trainingszustand des Probanden werden nochmals 5 Schläge pro Minute dazugerechnet. Die Pulsobergrenze wird demnach bei 150 Schlägen pro Minute angesetzt. Zwei weitere Möglichkeiten um mit ihm eine Leistungsdiagnostik durchzuführen, sind der Vita-Maxima-Test und der WHO-Test. Die Zielgruppen dieser Fahrradergometertests entsprechen allerdings nicht der Leistungsstufe meines Kunden, weshalb diese nicht durchgeführt werden (Rost, 2002, S. 92).

Tabelle 3: Dokumentation des Radergometertests

Pulsobergrenze nach IPN: 150 S/min		Alter: 19 Jahre	Stufendauer: 3 Minuten	Eingangsbelastung: 30 Watt
Ruhepuls: 59 S/min	Blutdruck: 144/92 mmHg	Gewicht: 83 kg	Trittfrequenz: 60-80 U/Min.	Belastungssteigerung: 40 Watt
Zeit in Minuten	Watt	Herzfrequenz 1	Herzfrequenz 2	Herzfrequenz 3
0-3	30	87	92	97
3-6	70	98	102	107
6-9	110	111	115	119
9-12	150	124	127	132
12-15	190	138	144	152

Da die Pulsobergrenze bei 150 Schlägen pro Minute liegt, wurde der Test nach 15 Minuten beendet. Dabei konnte er eine Wattleistung von 190 erzielen. Die Wattleistung wird nun durch sein Körpergewicht geteilt. Demnach erzielte er eine Testleistung von 2,29 Watt pro Kilogramm Körpergewicht. Dieser Wert wird nun anhand der Normwertetabelle nach IPN bewertet. Der Proband erzielt mittels der Fitnesstestung ein durchschnittliches Ergebnis (Institut für Prävention und Nachsorge, 2004).

1.3 Gesundheits- und Leistungsstatus der Person

Die Belastbarkeit und die Trainierbarkeit sind durch den fast optimalen gesundheitlichen Zustand sehr hoch. Durch seinen erhöhten Blutdruck kann ebenso ein Ausdauertraining ohne Einschränkungen stattfinden. Der Leistungszustand ist nach der Durchführung und Auswertung des Testergebnisses durchschnittlich, jedoch finden sich auch hierbei keine Einschränkungen im Hinblick auf die Belastbarkeit des Kunden. Des Weiteren lässt sich auch ein guter Gesundheitsstatus des Kunden ableiten, da er einen guten Ruhepuls sowie einen normalen Körperfettanteil vorzuweisen hat.

2   Zielsetzung und Prognose

Tabelle 4: Zielsetzung des Kunden

Inhalt	Ausmaß	Zeit
Reduktion des Körperfettanteils	um 6%	innerhalb von 12 Monaten.
Senkung des Ruhepulses	um 5 S/min	innerhalb von 3 Monaten.
Senkung des Blutdrucks	um 10/5 mm/Hg	innerhalb von 3 Monaten.

2.1   Reduktion des Körpergewichts

Das Trainingsziel und Trainingsmotiv mit der höchsten Priorität für den Kunden ist die Reduzierung seines Körpergewichtes. Das Ziel ist durch eine Körperfettreduktion zu erreichen, da der Kunde keinen Muskelverlust erreichen möchte. Eine Gewichtsabnahme ist durch seinen gesundheitlichen Zustand ebenso zu vereinbaren, wie eine Reduktion seines Körperfettgehaltes.

2.2   Verbesserung des Fitnesszustandes

Eine weitere Zielsetzung des Probanden ist es, einen verbesserten Fitnesszustand zu erreichen. Dies geschieht durch die Senkung seines Ruhepulses. Sein Ziel ist es, diesen um 5 Schläge pro Minute innerhalb von 3 Monaten zu reduzieren. Da er bereits Ausdauertraining betrieben hat, dies aber ohne jegliche Trainingsplanung absolviert hat, ist immer noch eine weitere Verbesserung möglich.

2.3   Senkung des Blutdrucks

Aufgrund seines zu hohen Blutdrucks, stellt die Reduzierung dieses in den Normbereich ein weiteres Trainingsziel dar. Der Wert befindet sich im Hypertonie 1-Bereich, daher stellt sich aus gesundheitlicher Sicht eine Senkung als optimal dar. Dieser Rückgang soll innerhalb von 3 Monaten zu erreichen sein, dabei soll er um 10 mmHg systolisch und 5 mmHg diastolisch zurückgehen.

3 Trainingsplanung Mesozyklus

3.1 Grobplanung Mesozyklus

Tabelle 5: Grobplanung Mesozyklus

Mesozyklus	
Dauer	6 Wochen
Trainingsziel	Stabilisierung und Entwicklung der Grundlagenausdauer ➔ Fettstoffwechsel antreiben ➔ Körperfettanteil reduzieren
Trainingsumfang/Woche	2-3 Stunden
Trainingsmethoden	Extensive Dauermethode Variable Dauermethode
Trainingsintensitäten	Regenerativ: 50-60 % Hf_{max} = …Schläge/Minute Extensiv: 60-75 % Hf_{max} = …Schläge/Minute Intensiv: 75-85 % Hf_{max} = …Schläge/Minute
Trainingshäufigkeit/Woche	3 Trainingseinheiten
Dauer/Trainingseinheit	Regenerativ: 20 Minuten Extensiv: 40 – 55 Minuten Variabel: 30 – 45 Minuten
Trainingsgeräte	Crosstrainer, Laufband, Fahrrad, Rudern

3.2 Detailplanung Mesozyklus

Tabelle 6: Mesozyklusplanung Woche 1

Woche 1	Montag	Mittwoch	Freitag
Trainingsziel	GA2	GA1	GA2
Trainingsmethode	Variable Dauermethode	Extensive Dauermethode	Variable Dauermethode
Trainingsintensität	Ext: 60-70 % Hf_{max} Int: 70-80 % Hf_{max}	60-70% Hf_{max}	Ext: 60-70 % Hf_{max} Int: 70-80 % Hf_{max}
Trainingsherzfrequenz	Ext: 121-141 S/min Int: 141-161 S/min	121-141 S/min	Ext: 121-141 S/min Int: 141-161 S/min
Trainingsdauer	30 Minuten (10:10)	40 Minuten	30 Minuten (10:10)
Trainingsgerät	Crosstrainer	Laufband	Rudern

Tabelle 7: Mesozyklusplanung Woche 2

Woche 2	Montag	Mittwoch	Freitag
Trainingsziel	GA2	GA1	GA2
Trainingsmethode	Variable Dauermethode	Extensive Dauermethode	Variable Dauermethode
Trainingsintensität	Ext: 60-70 % Hf_{max} Int: 70-80 % Hf_{max}	60-70% Hf_{max}	Ext: 60-70 % Hf_{max} Int: 70-80 % Hf_{max}
Trainingsherzfrequenz	Ext: 121-141 S/min Int: 141-161 S/min	121-141 S/min	Ext: 121-141 S/min Int: 141-161 S/min
Trainingsdauer	35 Minuten (5:5)	40 Minuten	35 Minuten (5:5)
Trainingsgerät	Crosstrainer	Laufband	Rudern

Tabelle 8: Mesozyklusplanung Woche 3

Woche 3	Montag	Mittwoch	Freitag
Trainingsziel	GA2	GA1	REKOM
Trainingsmethode	Variable Dauermethode	Extensive Dauermethode	Extensive Dauermethode
Trainingsintensität	Ext: 65-75 % Hf_{max} Int: 75-85 % Hf_{max}	60-70% Hf_{max}	50-60% Hf_{max}
Trainingsherzfrequenz	Ext: 131-151 S/min Int: 151-171 S/min	121-141 S/min	91-109 S/min
Trainingsdauer	45 Minuten (10:10)	50 Minuten	20 Minuten
Trainingsgerät	Crosstrainer	Laufband	Fahrrad

Tabelle 9: Mesozyklusplanung Woche 4

Woche 4	Montag	Mittwoch	Freitag
Trainingsziel	GA2	GA1	GA2
Trainingsmethode	Variable Dauermethode	Extensive Dauermethode	Variable Dauermethode
Trainingsintensität	Ext: 70-80 % Hf_{max} Int: 80-85 % Hf_{max}	65-75% Hf_{max}	Ext: 65-75 % Hf_{max} Int: 75-85 % Hf_{max}
Trainingsherzfrequenz	Ext: 141-161 S/min Int: 161-171 S/min	131-151 S/min	Ext: 131-151 S/min Int: 151-171 S/min
Trainingsdauer	45 Minuten (10:10)	50 Minuten	40 Minuten (10:10)
Trainingsgerät	Crosstrainer	Laufband	Rudern

Tabelle 10: Mesozyklusplanung Woche 5

Woche 5	Montag	Mittwoch	Freitag
Trainingsziel	GA2	GA1	GA2
Trainingsmethode	Variable Dauermethode	Extensive Dauermethode	Variable Dauermethode
Trainingsintensität	Ext: 70-80 % Hf_{max} Int: 80-85 % Hf_{max}	65-75% Hf_{max}	Ext: 70-80 % Hf_{max} Int: 80-85 % Hf_{max}
Trainingsherzfrequenz	Ext: 141-161 S/min Int: 161-171 S/min	131-151 S/min	Ext: 141-161 S/min Int: 161-171 S/min
Trainingsdauer	45 Minuten (5:5)	55 Minuten	45 Minuten (5:5)
Trainingsgerät	Crosstrainer	Laufband	Rudern

Tabelle 11: Mesozyklusplanung Woche 6

Woche 6	Montag	Mittwoch	Freitag
Trainingsziel	GA2	GA1	REKOM
Trainingsmethode	Variable Dauermethode	Extensive Dauermethode	Extensive Dauermethode
Trainingsintensität	Ext: 70-80 % Hf_{max} Int: 80-85 % Hf_{max}	65-75% Hf_{max}	50-60% Hf_{max}
Trainingsherzfrequenz	Ext: 141-161 S/min Int: 161-171 S/min	131-151 S/min	91-109 S/min
Trainingsdauer	40 Minuten (10:10)	50 Minuten	20 Minuten
Trainingsgerät	Crosstrainer	Laufband	Fahrrad

3.3 Begründung zum Mesozyklus

3.3.1 Begründung zum angestrebten wöchentlichen Belastungsumfang

Der wöchentliche Belastungsumfang orientiert sich zum einen am zeitlichen Verfügungsrahmen des Kunden und zum anderen am Leistungszustand des Kunden. Da mein Proband bereits Erfahrungen mit Ausdauertraining hat, sind drei Trainingseinheiten pro Woche für ihn kein Problem. Die Anzahl an Trainingseinheiten ist auch mit seinem Verfügungsrahmen zu vereinbaren. Um dem Kunden ein gesundheitlich korrektes Ausdauertraining zu garantieren, wurde eine Mischung zwischen dem Minimalprogramm und dem Optimalprogramm gewählt. Der wöchentliche Belastungsumfang befindet sich zwischen eineinhalb und zweieinhalb Stunden. Hierbei wurde die Zeit pro Trainingseinheit jede Woche gesteigert. In der letzten Woche des Mesozyklus wurde der wöchentliche Belastungsumfang nochmal reduziert, um ihn für den nächsten Mesozyklus optimal vorbereiten zu können (Zintl & Eisenhut, 2001).

3.3.2 Begründung zu den ausgewählten Trainingsmethoden

Im Mesozyklus werden zwei Trainingsmethoden verwendet, die extensive Dauermethode, sowie die variable Dauermethode. Die erstgenannte Methode dient zum einen der Stabilisation der Grundlagenausdauer sowie einem verbesserten Fettstoffwechsel, welcher eine wichtige Basis zum Trainingsziel Körperfettreduktion bildet. Zum anderen dient die extensive Dauermethode zur Regeneration des Kunden. Die variable Dauermethode dient vor allem der Reduktion des Körperfettanteils des Kunden, sowie der Stabilisierung und Entwicklung der Grundlagenausdauer. Aus dem Trainingszustand des Probanden lässt sich bereits ein Grundlagenausdauerniveau schließen, welche allerdings durch beide Trainingsmethoden stabilisiert werden muss (Hottenrott, 2006, S. 64ff.).

3.3.3 Begründung zur Belastungsprogression

Die Belastungsprogression findet im Ausdauertraining zuerst mit der Steigerung der Trainingshäufigkeit statt, da diese jedoch in Abhängigkeit mit dem zeitlichen Verfügungsrahm des Kunden steht und dieser nur maximal dreimal die Woche trainieren kann, ist eine derartige Steigerung nicht möglich. Eine weitere Möglichkeit der progressiven Belastungssteigerung ist die Erhöhung des Trainingsumfangs. Darunter versteht man die Steigerung der Trainingsdauer pro Trainingseinheit. Im Verlaufe des Mesozyklus wurde jede Woche die Dauer der verschiedenen Trainingseinheiten regelmäßig gesteigert. Zuletzt wird die Trainingsintensität progressiv erhöht, was ebenso in der Mesozyklusplanung zu erkennen ist. Die Dauer und die Intensität des Trainings werden jedoch immer an das Trainingsziel meines Kunden angepasst, welches im Mesozyklus hauptsächlich die Fettreduktion ist. Ebenso spielt der Leistungszustand eine wichtige Rolle bei der Gestaltung, jedoch hat er das Anfängerniveau bereits überschritten, weshalb eine längere Trainingsdauer für meinen Kunden keine Einschränkung darstellt (Neumann, Pfützner, & Berbalk A., 2007).

3.3.4 Begründung zu den angesteuerten Trainingsbereichen

Die angesteuerten Trainingsbereiche sind GA1-, GA2-, und REKOM-Training. Das REKOM-Training bestreitet der Kunde in Woche drei und sechs jeweils einmal. Dadurch wird die Regeneration aktiv unterstützt und ebenso die Belastbarkeit des Kunden für folgende intensive Trainingseinheiten gefördert und erhöht. Das GA1-Training dient zum einen der Stabilisation der Grundlagenausdauer und zum anderen zu einer erhöhten aeroben Leistungsfähigkeit meines Kunden. Des Weiteren benötigt er dieses Training um die Grundlage für sein Trainingsziel der Körperfettreduktion zu legen. Das GA2-Training ist für meinen Probanden von entscheidender Bedeutung um seine Grundlagenausdauer weiterzuentwickeln. Beim REKOM- und GA1-Training wird nur die extensive Dauermethode angewendet, wobei beim erstgenannten Trainingsbereich eine kürzere Dauer bestritten wird. Das GA2-Training findet durch die variable Dauermethode statt, allerdings wird hier sowohl im extensiven als auch im intensiven Bereich trainiert, das heißt es findet ebenso eine Stabilisierung als auch eine Weiterentwicklung der Grundlagenausdauer statt (Hottenrott, 1997).

3.3.5 Begründung der ausgewählten Ausdauergeräte

Bei der Auswahl der Ausdauergeräte wurde darauf geachtet dem Kunden möglichst viele Geräte im Trainingsplan zur Verfügung zu stellen. Das führt zum einen zu einem erhöhten Spaßfaktor und ebenso zu einer erhöhten Trainingseffektivität. Zwei weitere wichtige Aspekte der richtigen Geräteauswahl sind die Kundenvorrausetzungen sowie die Gerätevorrausetzungen. Darunter zählt zum Beispiel die Trainingszielsetzung des Kunden, die bei meiner Geräteauswahl im Vordergrund steht. Durch ein Training auf dem Laufband sowie beim Rudern findet ein erhöhter Kalorienverbrauch und außerdem ein erhöhte cardiopulmonale Beanspruchung statt, des Weiteren handelt es sich, wie beim Crosstrainer um ein Ganzkörpertraining. Da es beim Fahrradfahren zu einer erhöhten Herzdruckarbeit kommt, wurde das Training bei höheren Intensitäten auf diesen vermieden, um den Blutdruck des Kunden möglichst gut zu entlasten. Das Fahrrad dient lediglich zum Regenerationstraining, da hierbei der Blutdruck weniger stark belastet wird (Reim, 2001).

4   Literaturrecherche

Tabelle 12: Zwei Studien zu den Effekten von Ausdauertraining bei Diabetes mellitus Typ 2

Titel	Effect of long-term endurance and strength training on metablolic control and arterial elasticity in patients with type 2 diabetes mellitus. (Loimaala, et al., 2009)	Effekte sportlicher Interventionen auf kardiovaskuläre Parameter bei männlichen Typ 2 Diabetikern (Opitz, et al., 2012)
Wer hat die Studie durchgeführt?	Loimaala A., Groundstroem K., Rinne M., Nenonen A., Huhtala H., Parkkari J., Vuori I.	D. Opitz, E. Lenzen, T. Kreutz, G. M. Garcia, W. Bloch, K. Brixius
In welchem Jahr wurden die Studien publiziert?	2009	2012
Mit welchen Personen wurden die Studien durchgeführt?	50 Männer mit Diabetes mellitus Typ 2 (Alter: 47-58 Jahre)	Nicht-insulinpflichtige Männer mit Diabetes mellitus Typ 2 (Alter: 50-70 Jahre)
Wie sah der Versuchsaufbau der Studien aus?	•24-monatiges Training mit 4 Trainingseinheiten pro Woche (Kraft-/Ausdauertraining) •Kontrolle durch Puls- und Intensitätssteuerung •Körpermessungen alle 6 Monate	•12-wöchiges Ausdauer- oder Krafttraining mit Patienten •Belastungsuntersuchungen nach 0, 6 und 12 Wochen
Welchen relevanten Ergebnisse und Schlussfolgerungen lieferten die Studien?	•Verbesserung des kardiovaskulären Risikos •Effektivität von Ausdauertraining bei Diabetes mellitus Typ 2 •verbesserte Stoffwechselregulierung	•signifikante Verbesserung der kardiovaskulären Parameter •Senkung der BMI-, Fettstoffwechsel und Blutzuckerparameter →Ausdauertraining führt zu Optimierung der diabetischen Stoffwechsellage und zu einer Abnahme des kardiovaskulären Risikoprofils

5 Literaturverzeichnis

Gallagher, D., Heymsfield, S., Heo, M., Jebb, S., Murgatroyd, P., & Sakamoto, Y. (September 2000). Healthy percentage body fat ranges. *The Amrican Journal of Clinical Nutrition*, S. 694-701.

Hottenrott, K. (1997). *Ausdauertraining. Inteligent effektiv erfolgreich (4. Aufl.)*. Lüneburg: Wehdemeier & Pusch.

Hottenrott, K. (2006). *Trainingskontrolle mit Herzfrequenz-Messgeräten.* (1. Aufl.). Aachen: Meyer & Meyer.

Institut für Prävention und Nachsorge. (2004). *IPN-Test - Ausdauertest für den Fitness- und Gesundheitssport.* Köln: Institut für Prävention und Nachsorge.

Kümmel, W. F. (1974). Der Puls und das Problem der Zeitmessung in der Geschichte der Medizin. *Medizinhistorisches Journal*, S. 1-22.

Loimaala, A., Groundstroem , K., Rinne, M., Nenonen, A., Huhtala, H., Parkkari, J., & Vuori, I. (1. April 2009). Effect of long-term endurance and strength training on metabolic control and arterial elasticity in patients with type 2 diabetes mellitus. *The American journal of cardiology*, S. 972ff.

Neumann, G., Pfützner, A., & Berbalk A. (2007). *Optimiertes Ausdauertraining.* Aachen: Meyer & Meyer.

Opitz, D., Lenzen, E., Kreutz, T., Garcia, G., Bloch, W., & Brixius, K. (6. Oktober 2012). Effekte sportlicher Interventionen auf kardiovaskuläre Parameter bei männlichen Typ 2 Diabetikern. *Deutsche Zeitschrift für Sportmedizin*, S. 241.

Reim, F. (2001). *Kardiopulmonale, metabolische und subjektive Beanspruchung beim gesundheitsorientierten Ausdauertraining an unterschiedlichen Indoor-Cardiogeräten (Berichte aus der Sportwissenschaft). Zugl.: Bayreuth, Univ., Diss., 2001.* Aachen: Shaker.

Rost, R. (2002). *Lehrbuch der Sportmedizin.* Köln: Deutscher Ärzte-Verlag.

Steffel, J., & Lüscher, t. F. (2011). *Herz-Kreislauf.* Heidelberg: Springer.

Zintl, F., & Eisenhut, A. (2001). *Ausdauertraining. Grundlagen - Methoden - Trainingssteuerung (5. Aufl.).* München: BLV Sportwissen.

6 Tabellenverzeichnis